NOTICE
DESCRIPTIVE
ET HISTORIQUE
DE L'ÉGLISE DE STE.-MARIE
D'AUCH;

Par P. S......

Nouvelle Édition, revue et corrigée.

A AUCH,
Chez J. P. DUPRAT, Imprimeur de la Sénatorerie, place de la Mairie.

1808.

AVANT-PROPOS.

L'INTÉRÊT que l'on porte aux monumens, est presque inséparable de celui que l'on attache à la mémoire des fondateurs ou des bienfaiteurs. C'est pourquoi nous avons cru devoir faire suivre d'une notice historique sur l'église de Ste.-Marie d'Auch, la description que nous en donnons. Si les étrangers qui visiteront ce monument ne s'intéressent qu'aux détails remarquables de l'édifice, les Auscitains verront avec plaisir des traits historiques sur l'ancien état de leur ville, et sur la munificence des rois, comtes et archevêques, à laquelle sont dus et l'existence de l'église de Ste.-Marie, et les avantages dont jouissait la ville d'Auch, au moment de la révolution.

NOTICE

DESCRIPTIVE ET HISTORIQUE
DE L'ÉGLISE
DE Ste.-MARIE D'AUCH.

PARTIE DESCRIPTIVE.

Porche et Clochers.

TROIS portes cintrées donnent entrée à l'église de Ste.-Marie, et sont précédées d'un magnifique porche, qui supporte deux clochers d'une grande structure. Aux trois grands portiques sont des grilles de fer doré. La façade est ornée de colonnes cannelées couplées d'ordre corinthien, avec leurs piédestaux posés sur un soubassement. Elles supportent un entablement couronné par une balustrade. Entre les colonnes sont des niches disposées pour recevoir des statues. Au-dessus des archivoltes des trois portiques, on voit des anges tenant des cartouches qui contenaient autrefois les armes et le chiffre de l'archevêque qui avait fait construire les clochers. La hauteur où se trouve la balustrade qui couronne l'entablement des trois portiques, est la même que celle des voûtes des nefs collatérales.

Chacun des portiques latéraux supporte un clocher à deux étages, dont l'un décoré de colonnes d'ordre composite, cannelées, disposées comme celles du premier, se termine, comme lui, par une balustrade à la hauteur de la grande voûte intérieure. Au milieu de chaque tour se trouve une porte ornée d'un fronton surmonté d'un œil de bœuf, donnant passage de la galerie à l'escalier du clocher et de l'horloge.

Le dernier étage est orné de pilastres cannelés attiques, entre lesquels sont les fenêtres du clocher. Il est couronné par une balustrade surmontée de boules posées sur des piédouches.

L'intérieur du porche est pavé de grandes pierres et décoré de pilastres corinthiens, portés sur un soubassement servant de sièges. Entre les pilastres sont des niches surmontées de médaillons, dans lesquels sont sculptés en bas-reliefs les figures de J. C., de la Vierge, etc.

A gauche, en entrant, on remarque le tombeau de M. *Henry* de *Lamothe Houdancour*, archevêque d'Auch, par les soins duquel ce porche a été fini. Ce tombeau fut ouvert pendant la révolution, et son épitaphe retournée en dedans. Elle était conçue ainsi :

HIC JACET HENRICUS DE LAMOTHE HOUDANCOUR, INDIGNUS ARCHIEPISCOPUS AUXCITANUS, EXPECTANS RESURRECTIONEM MORTUORUM. OBIIT 1684, 24 FEBRUARII.

On voit, entre les deux pilastres qui supportent l'arceau sous lequel est le tombeau, une inscription que le chapitre y fit placer pour honorer la mémoire et l'humilité de M. de *Lamothe*.

On y lit :

QUOD HENRICI MERITIS DETRAXIT HUMILITAS, ID REDDIT VERITAS; ILLUM, PIETATE, DOCTRINA ET NOBILITATE CLARISSIMUM, VENTURIS RETRO SÆCULIS COMMENDANS. 1684.

Toute cette construction a été, dit-on, terminée sur les dessins de M. Cotte, célèbre architecte. Elle se ressent de la magnificence du siècle de Louis XIV, sous lequel elle a eu lieu, un siècle et demi après celle de l'église. (A.)

Forme et distribution de l'Église.

Le corps entier de l'édifice est bâti de grandes pierres de grès, appelées tuf, taillées et liées admirablement. Son architecture tient du gothique moderne et de l'arabe, et n'a les défauts ni de l'un, ni de l'autre. Sa grande simplicité et ses heureuses proportions lui donnent un caractère parfaitement conforme à l'objet de sa consécration.

L'édifice a la forme d'une croix latine, et sa division intérieure ressemble à celle des anciennes basiliques.

La longueur de l'église depuis la porte d'entrée jusques au fond de la chapelle du Saint-Sacrement, qui fait le rond-point de l'hémicycle, est de 105 mètres 90 centimètres (326 pieds.)

Sa largeur, d'une porte latérale à l'autre, est de 23 mèt. 89 cent. (72 pieds.)

La largeur de la grande nef est de 11 mèt. 4 cent. (34 pieds.)

Celle de chaque nef collatéral est de 6 mèt. 50 cent. (20 pieds.)

Et celle des chapelles est de 5 mèt. 20 cent. (16 pieds.)

La hauteur de la grande voûte est de 26 mèt. 64 cent. (82 pieds.)

Celle des basses-néfs et des chapelles est de 14 mètres 32 cent. (45 pieds.)

Quatre rangs de piliers, au nombre de 40, divisent l'église en trois nefs et en chapelles collatérales. Ils forment des arcs ogives qui supportent des voûtes d'arêtes croisées, surbaissées, de pierre calcaire, dite pierre blanche. Entre les piliers des basses-nefs, règnent autour de la grande nef et du chœur, des galeries en arcade d'une grande ouverture.

En entrant, on passe sous la tribune de l'orgue ; elle est voûtée, couronnée d'une balustrade, et soutenue par des arcades, décorées de pilastres corinthiens, posées sur un soubassement. Elle supporte un superbe buffet d'orgue, le chef-d'œuvre de *Joyeuse*, fameux facteur de son temps. L'ensemble des ornemens en est beau, et présente de jolis détails de sculpture.

Portes latérales et Tours.

Aux extrémités des branches de la croix sont de grandes ouvertures de forme ogive. Chacune d'elles est partagée en deux ventaux, par un pilier d'une seule pierre chargée de sculpture, qui supporte une espèce d'architrave, placée au tiers de la hauteur de l'ouverture totale ; au-dessus sont des panneaux de verre, et un couronnement du même genre que ceux des croisées des chapelles.

Les sculptures qui décorent extérieurement les renfoncemens des portes, sont remarquables par leur travail, et dans quelques parties, par la légèreté et le fini des formes. Une inscription placée dans les frises de deux culs-de-lampe de la porte méridionale, indique que c'est à l'archevêque *François II de Clermont* qu'est due la construction de ces portes, environ l'an 1513. On voyait autrefois ses armoiries sur presque tous les piliers de butée du midi. Elles furent effacées dans la révolution.

Chacune de ces portes latérales est flanquée de deux tours carrées qui se terminent en dôme, et sont surmontées d'une boule posée sur un piédouche. Elles renferment des escaliers, différens les uns des autres. Ils conduisent dans les galeries intérieures et extérieures de l'édifice. L'une à pivot d'air, est appelée vulgairement *le Limaçon*. L'escalier forme une spirale, sur le haut de laquelle une personne se place à califourchon, et glisse jusqu'au bas avec une rapidité extrême. Les trois autres sont à pivot plus ou moins dégagé ou décoré, et elles ont reçu le nom de tours, *du bâton du Serpent* et *du Ruban*, d'après ces différences.

Les chapelles sont séparées les unes des autres par des murs auxquels sont adossés les autels, en pierre, bois ou marbre, et décorés d'ordres d'architecture moderne.

Les chapelles de la partie orientale de l'église étaient autrefois consacrées aux mystères de N. S., et celles de la partie occidentale, à ceux de la Ste.-Vierge. Elles furent dégradées dans les temps révolutionnaires; et, lors du rétablissement du culte, la pénurie des moyens pour la restauration de ces chapelles, obligea l'administration de l'église de recourir à la bienfaisance des fidelles, qui, pour la plupart, exigèrent qu'elles fussent consacrées ou à leurs patrons, ou aux saints qu'ils affectionnaient particulièrement.

Autrefois les rétables avaient tous pour principal ornement, des bas-reliefs au lieu de tableaux. Le jour qui traverse les vitraux devait nuire bien moins à l'effet des premiers, qu'il ne fait maintenant à l'effet des seconds.

Le pavé des chapelles est élevé de la hauteur d'une marche au-dessus de celui des nefs, et elles sont séparées de celles-ci par des balustres de marbre de Caunes.

Mausolées, Vitraux, et autres objets remarquables des chapelles.

Dans la première chapelle à gauche, celle *du Babtistère*, on voit les fonts d'un seul bloc de très-beau marbre noir, d'une grande dimension.

Dans la suivante, celle *de Ste. Théreze*, est le tombeau de M. de *Pomereu*, intendant. Au-dessus, dans une niche, est son buste de marbre. C'est un monument érigé par l'amitié et la reconnaissance. (B.) On lit, sur la pierre sépulchrale, l'épitaphe conçue :

MICHAEL-GERVASIUS-ROBERTUS DE POMEREU, EQUES, LIBELLORUM SUPLICUM MAGISTER, IN NAVARRA, BENEARNO ET PROVINCIA AUSCITANA PRÆFECTUS REGIUS, VITA FUNCTUS 27 DIE MENSIS DECEMBRIS, ANNO 1734, TUMULATUS DIE SEQUENTI, NON SINE MAGNA CIVIUM FREQUENTIA, ET UBERIBUS PROVINCIÆ LACRIMIS.

HONORIFICÆ BENEVOLENTIÆ MEMOR, HOC CONDITORIUM EXTRUI CURAVIT NOBILIS JOANNES-BAPTISTA-JOSEPHUS DAIGNAN, UNUS EX ULTIMARUM VOLONTATUM ADMINISTRIS.

Les Dames Carmelites ayant affectionné particulièrement cette chapelle, ont le projet d'y déposer les restes de la vénérable Mère *Marie de la Trinité*, du nom de *Sævin*, leur supérieure, appelée par elles *la Mère-Sainte*. Son épitaphe est ainsi conçue :

ICI REPOSE LE CORPS DE LA VÉNÉRABLE MÈRE MARIE DE LA TRINITÉ, QUI ÉTAIT DE PARIS, DU NOM ET DE LA RACE DE SÆVIN, ORIGINAIRE DE L'ORLÉANNAIS; ELLE REÇUT LE SAINT HABIT DANS LE PREMIER COUVENT DES CARMELITES, A PARIS, LE 21 NOVEMBRE 1604. ELLE A FONDÉ LES COUVENS DE DIEPPE, SAINTES, LE SECOND DE BORDEAUX, NARBONNE, LECTOURE, AGEN, AUCH, MONTAUBAN ET PAMIERS. ELLE DÉCÉDA DANS CETTE MAISON LE 28 DÉCEMBRE 1655, AGÉE DE 86 ANS. SA SAINTETÉ MÊME, TÉMOIGNÉE PAR DES MIRACLES, LUI A FAIT DONNER LE NOM DE MÈRE-SAINTE. 1696.

De l'autre côté de l'église, dans la chapelle vis-à-vis celle-ci, est le mausolée que Mad.e d'*Étigny*, née *de Pange*, avait fait ériger dans l'église de St.-Orens, à son époux, intendant, bienfaiteur de sa généralité. Ce monument avait été détruit pendant la révolution, et l'église, où il était érigé, vendue et démolie.

M. *Balguerie*, préfet du Gers, à qui nulle vue d'intérêt public n'est étrangère, après avoir recherché les cendres de son illustre prédécesseur, et recueilli les débris de son mausolée, les a replacés dans cette basilique. Ce monument, placé sous la croisée, se compose d'une pyramide de marbre noir, surmontée d'une urne, et accolée au mur; elle est placée sur une frise, supportée par des consoles de marbre blanc veiné. Au milieu de sa hauteur, dans un médaillon entouré d'une couronne de chêne, est le portrait de M. d'*Étigny*, que couronne le génie de l'immortalité. A gauche, au bas de la pyramide, la piété conjugale, sous la figure d'une femme voilée, indique du doigt le médaillon; à droite, l'hymen sous les traits d'un enfant, pleure et renverse son flambeau. Entre ces deux figures, est l'écusson de M. d'*Étigny*. Sur la frise sont, en bas-relief, les attributs de la mort. Au-dessous, entre les consoles, est l'inscription suivante :

D. D. MEGRET D'ÉTIGNY, PROVINCIÆ PRÆFECTO, ET DIVINI NUMINIS CULTORI OBSERVANTISSIMO, EXIMIA IN PARENTES PIETATE AC REVERENTIA, FIDELISSIMO IN CONJUGEM AMORE, CHARITATE ERGA FILIOS VERÈ PATRIA, EFFUSA IN OMNES

BENEFICENTIÆ LARGITATE, DEO ET HOMINIBUS DILECTO, MORBO GRAVI AC DIUTURNO AFFLICTUS, VIRTUTE DOLOREM SUPERANS, CHRISTI CONFIXUS CRUCI, OBDORMIVIT IN DOMINO, NONO KALENDAS SEPTEMBRIS, ANNO DOM. 1767, ÆTATIS SUÆ 48. AMANTISSIMO CONJUGI POSUIT FIDELIS MŒRENS UXOR D. D. FRANCISCA THOMAS DE PANGE, ANNO, M. DCC. LXXII.

Les cendres de cet administrateur célèbre reposent sous l'épitaphe qui se trouve au milieu du pavé de la chapelle. Elle est conçue ainsi :

SÉPULTURE DE MESSIRE ANTOINE MEGRET D'ÉTIGNY, CHEVALIER, CITOYEN PRIVILÉGIÉ DE LA VILLE DE BAYONNE, BARON, DE TEIL, DE CHAPELAINE, SEIGNEUR DE PASSI, ÉTIGNY, VAUMORT, PONT, NOÉ, VASSIMONT, AUSSIMONT, ET AUTRES LIEUX, CONSEILLER DU ROI EN SES CONSEILS, MAITRE DES REQUÊTES ORDINAIRES DE SON HOTEL, INTENDANT DE JUSTICE, POLICE ET FINANCES EN NAVARRE, BÉARN, ET GÉNÉRALITÉ D'AUCH, ET DES ARMÉES DE SA MAJESTÉ EN PORTUGAL, DÉCÉDÉ A AUCH LE 24 AOUT 1767.

Sur une plaque de marbre blanc, placée vis-à-vis l'autel, une inscription, composée par Mr. *Sentetz*, ex-constituant, indique l'histoire et l'objet de la reconstruction du monument. On lit :

QUOD PIETAS CONJUGIS,
ANTONII MEGRET D'ÉTIGNY
CARISSIMÆ MEMORIÆ,
CAUSAM LACRIMIS,
SACRAVIT,
RABIES OCHLOCRATICA
FÆDÈ SEPULCHRUM EVERTERAT.
HOC
E RUDETO COLLECTUM,
RELIQUIIS CINEREIS
SOLEMNITER DECERPTIS ET FIDE SERVATIS,
PETRI BALGUERIE
GERCII PROVINCIÆ PRÆFECTI STRENUI
CURIS,
CONSULUM ASSENSU,
RESTITUIT GRATITUDO POPULI
RURSUMQUE CONSECRAVIT,
AD INSIGNEM EXIMII CIVIS HONOREM,
AD REIPUBLICÆ DECUS,
AD PERPETUAM POSTERORUM REVERENTIAM,
AD SEQUENTIUM PRÆFECTORUM EXEMPLAR.
ANNO DOM. 1803. REIP. 12.

Aux côtés de cette plaque sont inscrits,

sur des tableaux encadrés, l'arrêté de M. le Préfet relatif au rétablissement du mausolée, et la dernière lettre écrite par M. d'*Étigny*, de son lit de mort, à M. le Contrôleur-général.

La chapelle a été dédiée à *St. Antoine*, patron de M. d'*Étigny*.

La suivante, qui est sous le titre de *la Présentation*, a été récemment embellie par les soins de MM. *Daignan* et *Dupetit*, anciens chanoines de cette église, chanoines honoraires d'Agen. Elle renferme le tombeau du vénérable *Louis Daignan*, dignitaire de l'ancien chapitre métropolitain, homme dont les talens, la charité et la piété recommandent éminemment la mémoire. Son épitaphe est conçue ainsi : HIC JACET LUDOVICUS DAIGNAN DU SENDAT, CANONICUS HUJUS METROPOLITANÆ ET PRIMATIALIS ECCLESIÆ, MAGNOACI ARCHIDIACONUS, NEC-NON HUJUSCE DIŒCESEOS VICARIUS GENERALIS.

PARCE DOMINE, PARCE SERVO TUO LUDOVICO, QUEM REDEMISTI PRÆTIOSO SANGUINE TUO. AMEN.

OBIIT DIE 17 MARTII, ANNO DOMINI 1764.

REQUIESCAT IN PACE. AMEN.

Il légua aux cordeliers, pour être ouverte au public, sa bibliothèque qui était très-considérable. Elle est aujourd'hui réunie à celle ci-devant centrale, maintenant communale. Il s'y trouve des manuscrits précieux pour l'histoire du pays, recueillis par lui, et qu'il destinait à l'impression.

On voit sur l'autel de la chapelle un beau Christ d'ivoire, de 41 centimètres (15 pouces) de proportion, que MM. *Daignan* et *Dupetit* ont fait, depuis peu, fixer sous une grille de fer doré, pour en éviter l'enlèvement. On doit sa conservation à feu M. *Despiau*, curé de Ste-Marie, qui, au commencement de la révolution, eut le soin de le dérober au pillage.

De l'autre côté de l'église, vis-à-vis celle-ci, dans la chapelle de St.-Joseph, est la sépulture de la famille Molières, fort ancienne dans Auch.

Dans la chapelle de l'*Annonciation*, qui est la dernière de la nef, l'on voit un tableau représentant une tête de femme. Il est un monument de la piété d'un négociant de cette ville, qui, en 1660, en fit hommage à la congrégation des marchands, à laquelle il a été restitué par M. le Préfet, après avoir resté long-temps dans le local de la bibliothèque centrale, qui était autrefois l'oratoire de cette société.

Les chapelles correspondantes aux basses - nefs, depuis l'entrée jusques aux portes latérales de l'église, la grande nef, le chœur, et les deux branches de la croix, sont éclairées par des croisées formées de panneaux bordés d'arabesques. Les couronnemens sont en verre de couleur. Au-dessus de l'orgue et aux extrémités des branches de la croix, sont des roses garnies aussi de verre de couleur. Au milieu de celle de l'orgue est, dans un très-grand médaillon, la figure de la Vierge; dans les deux autres, celles de St. Pierre et de St. Paul.

Dans le principal panneau des couronnemens des vitraux, se trouvaient autrefois les écussons des archevêques par les soins desquels ces peintures avaient été faites; mais, dans la révolution, ils furent enlevés, décomposés, et les morceaux rajustés de manière qu'ils ne présentent maintenant qu'un assemblage informe et sans objet. Les armoiries qui étaient aux clefs des voûtes furent aussi grattées, en sorte que l'église perdit des monumens précieux pour son histoire.

Les vitraux des chapelles correspondantes aux nefs latérales du chœur sont entièrement de verre de couleur, et composés de grands tableaux représentant des personnages de l'ancien et du nouveau testament.

Dans le soubassement du plan d'architecture qui fait le fond de chaque vitrail, en forme de bas-reliefs, sont de petits tableaux représentant des traits historiques relatifs aux personnages des grands tableaux.

Une ancienne tradition dit que la reine Marie de Médicis avait donné l'ordre de les transporter tous à Paris, mais que le chapitre réussit à le faire revoquer.

Afin de mettre l'observateur en même de suivre l'ordre historique dans l'examen qu'il fera des divers vitraux, nous allons indiquer succintement chacune des croisées des chapelles successivement, en commençant par la première de la nef latérale du chœur, du côté du nord, appelée la chapelle du purgatoire.

Sa croisée est divisée en trois parties par les pilastres qui supportent le couronnement découpé de l'ogive. Ces trois parties ne forment cependant qu'un seul sujet; c'est l'*Histoire des premiers parens*. Les figures d'*Adam* et d'*Ève*, de grandeur plus que naturelle, sont près de l'arbre de la science, placé en avant d'un fond d'architecture, au-dessus duquel, dans une espèce d'attique, est représentée *la création*. Dans la base, les trois petits tableaux ont pour sujet, *l'expulsion du Paradis*, *la condamnation au travail*, et *le meurtre d'Abel*.

L'autel de cette chapelle est décoré de colonnes de marbre de Languedoc. C'est à la munificence de M. de Lamothe-Houdancour, dont nous avons déjà parlé, qu'elle doit cette décoration.

II. Dans la chapelle *du St. Cœur de Marie*, l'autel est orné de belles colonnes de marbre noir. Il était autrefois décoré d'un bas-relief en pierre, remplacé aujourd'hui par un tableau. Sa construction est due au même prélat que celle de la précédente.

La croisée de cette chapelle est divisée en quatre parties ; la 1.re représentant *Noé*, la 2.e *Jacob*, la 3.e *St. Pierre*, la 4.e une *Sibile*. Ces figures sont représentées dans des niches, entre lesquelles sont des pilastres arabesques. Au-dessous, les petits tableaux représentent, le premier *l'impudicité de Noé*, le 2.e *la bénédiction de Jacob*, le 3.e *Jésus marchant sur les eaux*, et le 4.e *l'annonciation*, prédite par la *Sibile*. On a souvent vu des artistes copier ce vitrail, dont les dessins sont rémarquables par la pureté des profils et la grace des détails.

III. Dans la chapelle *de N. D. de Pitié*, les quatre grandes figures sont celles *d'Abraham*, de *Melchisedec* roi de Salèm, de *St. Paul* apôtre, et de *la Sibile de Samos*. Les noms de ces personnages sont inscrits au-dessous de chacun, en caractères longs gothiques.

Les petits tableaux du soubassement représentent *le sacrifice d'Abraham*, *la conversion de St. Paul*, et *la naissance de J. C.*

Au-dessus du premier on lit : *Noli trucidare manu tua tuum puer*. Au-dessus du 2.e : *Saule Saule quid me persequeris*. Dans le 3e., sur une banderole, on lit : *Vint et quatre ans eut Sibile Samie quand elle dis*.

IV. Dans la chapelle *de Ste. Anne* sont trois croisées de trois panneaux chacune.

Dans la 1.re sont *Isaac* patriarche, *Samuel* prophète, et *Osée* premier prophète. Au-dessous est la perspective d'un intérieur gothique, d'un très-joli effet.

Dans la 2.e croisée, les personnages sont *Jacob* patriarche, *Jonas* prophète et *St. Marc* ; au-dessous, *Jonas jeté à la mer*.

Dans la 3.e on voit *Moyse*, *la Sibile d'Afrique* ou *Lybique*, et *Enoch*. Dans le 1.er tableau du soubassement, *Dieu apparaît à Moyse dans le buisson ardent* ; le 2.e représente un trait des prédictions de *la Sibile*, et le 3.e l'enlèvement de *la Vierge au Ciel*. Une porte donne, de cette chapelle, dans l'escalier des cryptes.

V. Dans la chapelle *de Ste. Cathérine* il y a aussi trois croisées. La première a pour principaux sujets, *Joseph* patriarche, *St. André* apôtre, et *Zoël* le prophète. Dessous, dans le petit tableau, *Joseph vendu par ses frères.*

La 2.e croisée représente *Josué* patriarche, *la Sibile d'Europe* ou *de Cumes*, et le prophète *Amos.* Au-dessous est *la fuite en Égypte.*

La 3.e a pour sujets, *Caleph* patriarche, *St. Barthélemy* et *Abdias* prophète. Le tableau du soubassement représente *le martyr de St. Barthelemy.*

L'autel qui se trouve sous la vitre du milieu, a été bâti en pierre, en même temps que les murs de l'église. Il est d'un fort bon goût, et décoré de sculpture, et dont on a bouché les détails en les peignant mal-adroitement de diverses couleurs.

VI. La chapelle *du St. Sacrement* est couverte, au-dessous des fenêtres, par une voûte découpée à jour, et, dit-on, d'une seule pièce. Comme elle est peinte, il a été impossible de s'assurer de ce fait. Mais il est à présumer que la pièce principale, c'est-à-dire la clef et les découpures qui en dépendent, occupent la plus grande partie de la voûte. Quoi qu'il en soit, tous s'accordent à regarder ce morceau comme très-remarquable.

Les vitraux de cette chapelle sont au nombre de trois. Le 1.er représente le prophète *Isaïe*, *St. Philipe* apôtre, et *Michée* prophète. Le 2.e, celui du milieu, qui se trouve au rond-point de l'église, a pour sujet, *le Christ sur la croix*; un ange reçoit dans un calice le sang qui sort de la blessure du Sauveur. Dans le fond, on voit la ville de Jérusalem. Sur la 3.e croisée sont *David*, *St. Jacques* apôtre, et un autre personnage de l'écriture.

Il est à regretter qu'en faisant une construction dépendante des tribunaux, placés dans le ci-devant palais archiépiscopal, on ait masqué d'une maçonnerie cette dernière fenêtre à une hauteur considérable. C'est une dégradation qu'on aurait, peut-être, pu éviter.

VII. La chapelle *du St.-Sépulchre*, appelée aussi *de la Trinité*, se trouvant accolée au mur du ci-devant palais archiépiscopal, est sans vitraux. Le rétable de l'autel représente le sépulcre de J. C. Plusieurs figures de pierre imitant le marbre représentent les trois Maries, Joseph d'Arimathie, St. Jean, etc., déposant le corps du Sauveur au tombeau. Aux côtés de l'autel sont quatre figures de gardes. Le couronnement du rétable est dans le goût gothique, entièrement doré. Cette chapelle était appelée autrefois *royale*, à cause, disait-on, d'une certaine fondation qu'y avaient faite un roi et une reine de Navarre, dont on a transporté les statues dans la sacristie du sud. Elles étaient autrefois aux deux côtés de l'autel.

VIII. L'emplacement, de forme exagone irrégulier, que l'on trouve ensuite, correspond dans le plan général de l'église, à la chapelle de Ste.-Catherine. Il n'y a jamais eu d'autel. C'était un passage pour aller au cloître et à la salle capitulaire, locaux maintenant dépendans de la maison de justice. Une porte s'ouvre sur un escalier qui conduit aux cryptes. On trouve, au palier, la porte masquée de la chapelle souterraine *N. D. de Pitié*, bâtie, dit-on, sur les fondations de la première construction de Ste.-Marie ; elle a été séparée, depuis peu d'années, des autres chapelles souterraines, pour devenir un cachot dépendant des prisons attenantes.

Les trois vitraux de ce passage représentent, le premier, *Jeremie* prophète, une *Sibile* et *Naüm* prophète. Au-dessous est *la flagellation.*

Dans le second, on voit *Daniel* prophète, une *Sibile* et *St. Mathieu* apôtre. Au-dessous, *Daniel dans la fosse aux lions.*

Le troisième se compose des figures de *Sophonias*, d'*Élie* et d'*Urie* prophètes. Le petit tableau du soubassement représente *Élie enlevé dans un char de feu* ; le fond de ce vitrail, une tenture de satin broché, bordé de perles, d'un grand effet.

IX. Après la sacristie, on entre dans la chapelle *de la Passion.*

Sur la croisée sont, *St. Mathias* apôtre, les prophètes *Esdras* et *Abacuc*, et *la Sibile de Tibur.*

Le fond de ce vitrail, qui est regardé comme un des plus beaux de l'église, représente une perspective d'architecture de plusieurs genres.

X. Dans la chapelle *de l'Ascension*, le vitrail représente *Élisée* prophète, *St. Jude*, *la Sibile de Delphes*, et *Agée* prophète. Au-dessous, dans les petits panneaux, sont *la guérison de Naaman*, *le martyr de St. Jude*, *le couronnement d'épines*, et l'écusson du cardinal de Clermont, décomposé.

Le fond est dans le même genre que celui du précédent, et ne lui cède pas en beauté.

XI. Dans la chapelle *du St. Esprit* et la dernière, le principal sujet représente *l'incrédulité de St. Thomas*, et le fond une tenture verte, bordée de perles. Au-dessous, en petit, est *l'institution de l'Eucharistie.*

Dans la frise qui sépare le sujet principal du soubassement, sont inscrits ces mots gascons : LO XXV DE JHUN MIL V CENS XIII FON ACABADES LAS PRESENS BERINES EN AUNOUR DE DIEU ET DE NOSTR. C'est-à-dire : *Le 25 juin mil cinq cent treize furent achevées les présentes vitres, en l'honneur de Dieu et de Notre* (*Dame*, sous-entendu.)

Dans un cartel, d'un côté, sont ces mots : *Thoms infer digitum tuum huc*, proférés par J. C. en s'adressant à Thomas qui doutait : de l'autre, sont ceux là : *Noli me tangere*; et au-dessous, le nom de l'auteur de ces vitraux, *Arnaud de Moles.*

Il est prétendu qu'ils furent le premier grand ouvrage de cet artiste.

Les anachronismes qui peuvent se faire remarquer dans les détails des vitraux que nous venons de décrire succintement, sont des défauts du siècle. On voit assez de correction dans le dessin des grandes figures, de la justesse dans leur pose et dans la disposition des draperies : la décoration de leurs fonds, régulière dans tous, mais variée dans chacun, présente des détails charmans d'architecture, d'arabesques, d'ornemens, etc. Le ton des couleurs est des plus vifs. Ces vitraux, regardés comme les plus grands et les plus beaux de France, sont encore devenus plus précieux depuis la révolution, ayant été conservés au milieu de la destruction générale des monumens de tout genre.

Si l'on s'étonnait de trouver les Sibiles mêlées avec les Prophètes, on devra se rappeler combien elles étaient en vénération, même dans l'opinion des pères de l'église, tels que St. Jérôme, St. Augustin, etc., qui les ont regardées comme parlant quelquefois d'inspiration divine.

D'ailleurs, Ste.-Marie n'est pas le seul monument chrétien moderne où ce mélange se trouve.

Jubé.

Le chœur a la même étendue que la grande nef, en largeur et en longueur. Il est fermé de tous côtés. Au-dessus de sa principale porte est le jubé, décoré de colonnes couplées d'ordre corinthien, de marbre du Languedoc, posée sur des piédestaux supportant un entablement couronné d'une balustrade de marbre rouge d'Italie. Entre les colonnes sont des grandes tables de marbre noir encadrées ; et au-dessous de celles-ci, entre les piédestaux, d'autres tables du même marbre. Sur la corniche de la porte, en avancement, on voit les quatre évangélistes assis près d'une table de forme antique, ayant chacun près de lui le symbole qui le caractérise. Ce groupe est d'un seul bloc de marbre blanc. Sous la table est cette inscription :

GERVAIS DROUET A ACCOMPLI CE JUBÉ AVEC LES FIGURES, L'AN 1671.

Au-dessus de l'entablement, sur des piédestaux placés dans la balustrade, à l'aplomb des colonnes, on voit quatre statues de marbre blanc, plus grandes que nature. Celles des extrémités représentent *David* et *Josué*; les deux autres, *la Ste Vierge* et *St. Jean*. Entre celles-ci est un grand crucifix.

C'est M. de Lamothe-Houdancour qui a fait construire ce jubé, en même temps que les clochers.

Afin que tous les fidelles puissent prendre part aux offices, on a jugé à propos d'élever, devant la principale porte, un autel amovible, en vue de la nef et de ses bas-côtés. Vu qu'il n'existe plus de chapitre à Auch, on réserve le chœur pour les instructions particulières aux écoles, aux congrégations, etc.

Chœur.

L'intérieur du chœur est garni de deux rangs de stalles sur ses trois côtés, celui du jubé et des basses-nefs.

Les stalles sont de cœur de chêne, et leur ensemble présente un chef-d'œuvre de sculpture gothique moderne.

Sur chaque haut dossier, on voit sculpté en demi-relief, un personnage de l'ancien ou du nouveau testament, quelque saint, ou quelque figure allégorique ou symbolique de la religion. Chacune d'elles est posée sur un cul-de-lampe, décoré de petits bas-reliefs ou d'arabesques du plus joli travail : les deux premiers, à gauche en entrant, sont sur-tout remarquables par la légèreté, le goût et la finesse des détails. Les hauts dossiers sont séparés les uns des autres par des pilastres chargés de petites figures placées dans des niches surmontées de campanilles et d'autres ornemens, tous d'un fini précieux. Ce monument est regardé par tous les connaisseurs comme un des plus beaux de ce genre.

Un enfant sculpté sur l'accoudoir de la première basse stalle de gauche en entrant, tient un cartouche sur lequel on lit 1525, qui est la date de l'année où la menuiserie du chœur fut achevée.

Le pupitre placé au milieu du chœur est du même temps, mais il a éprouvé quelques dégradations.

L'autel du chœur est dédié à la Ste. Vierge, et placé dans le fond, un peu en avant des piliers de l'hémicycle. La statue de la Vierge, de marbre blanc, est placée dans une espèce de niche, qni était autrefois une porte, en avant de laquelle on a construit l'autel. Au-dessus, dans un bas-relief en pierre, est *la nativité de la Vierge*. Cette porte donnait entrée à un sanctuaire renfoncé, qui est aujourd'hui la chapelle de St. Augustin. De chaque côté de l'autel est une chaire pour l'épître et l'évangile, selon l'usage établi dans les anciennes cathédrales.

Entre l'autel et les chaires sont des niches où l'on plaçait autrefois, aux grands jours, les chasses qui contenaient les reliques des SS. Évêques d'Auch. Entre les chaires et les stalles sont les deux portes latérales du chœur, au-dessus desquelles sont *les commandemens* en vers, gravés en lettres d'or, sur des tables de marbre noir. Toute cette partie qui forme le sanctuaire, est décorée de colonnes corinthiennes de très-beau marbre noir, supportant un entablement couronné d'une balustrade qui borde la grande tribune, destinée autrefois à placer l'orchestre aux fêtes annuelles ou autres grandes cérémonies. On y monte par l'escalier de la chaire de l'évangile.

Au-dehors du chœur, entre les piliers de l'hémicycle, sont des portes masquées, archivoltées, en avant desquelles des colonnes cannelées ioniques soutiennent un entablement. En second ordre, sont d'autres portes du même goût. Dans l'intérieur de quelques-unes, des bas-reliefs en pierre représentent des sujets relatifs à la vie de la Vierge. Les autres sont remplies de bossages qui attendent la main du sculpteur.

Les artistes remarquent qu'elle a dû être construite par Philibert de l'Orme, ou par quelqu'un de ses élèves. On y reconnaît le goût de cet homme célèbre, fondateur de l'architecture en France, au siècle de François Ier et d'Henri II.

Celles qui sont les plus rapprochées des latérales du chœur, de chaque côté, s'ouvrent sur un escalier qui communique aux chaires de l'épître et de l'évangile, et à la chapelle de St. Augustin (que nous croyons avoir été anciennement l'autel du chœur.)

Cette partie doit fixer l'attention des curieux. Tous ceux qui la voient, en admirent la grâce et la pureté.

Sacristies.

Les sacristies sont placées de chaque côté du chœur, vis-à-vis ses portes latérales, et occupent à peu près, en étendue, l'emplacement d'une chapelle. Elles sont voûtées à une certaine hauteur. Au-dessus de la voûte de chacune est une chambre aussi voûtée, à cheminée, de même dimension que la sacristie. On y monte par un petit escalier à pivot. Le chapiteau de celui du nord est sculpté, sur toute sa superficie, avec une délicatesse singulière.

La sacristie septentrionale était autrefois destinée à l'usage des vicaires; on y tenait, dans de grandes armoires, les chasses, reliques, et autres objets précieux. La chambre au-dessus était disposée pour le repos du prédicateur.

La sacristie méridionale, autrefois occupée par le chapitre, est aujourd'hui à l'usage de la paroisse. On y voit réuni les portraits de plusieurs archevêques d'Auch. La plupart y ont été transportés, par ordre de M. le Préfet, d'un dépôt d'objets d'arts formé par ses soins ; d'autres ont été donnés par des particuliers qui attachent de l'intérêt à la décoration de l'église. Parmi les premiers, on voit le portrait du cardinal de Polignac, peint par Oudry, premier peintre du roi. Le portrait de M. de Meaupou est une très-bonne copie de celui que M. le Préfet a fait placer à la principale salle de l'hospice d'Auch, dans lequel ce prélat avait établi les filles de la charité.

Le portrait du souverain pontife Pie VII a été donné depuis peu au clergé de cette église. Il a été copié sur le tableau de David, par un Auscitain élève de ce maître.

Cryptes ou Chapelles souterraines.

Elles sont au nombre de cinq, et se trouvent sous les chapelles de l'hémicycle, entre les sacristies. Elles sont éclairées par des jours pris dans les cours du ci-devant palais archiépiscopal, maintenant sénatorial.

La première est sous l'invocation de *St. Leothade*. (Voyez à la partie historique.) Le corps de ce St. Évêque repose sur l'autel, dans un sarcophage de pierre.

La seconde est consacrée à *St. Taurin* (voyez aussi à la partie historique), premier fondateur de l'église Ste.-Marie. Son corps est renfermé dans un tombeau de pierre, sculpté dans le goût gothique, et placé sur l'autel.

La troisième, qui se trouve au rond-point, est dédiée à *St. Austinde*, archevêque d'Auch. (Voyez la partie hystorique.) Ses reliques sont dans un sarcophage de pierre, sculpté comme le précédent. Il était autrefois percé à chaque extrémité, ensorte qu'en introduisant, dans l'un des deux trous, une bougie allumée, on voyait, par l'autre, le corps du St. Prélat revêtu de ses habits sacerdotaux.

L'archevêque Léonard de Trapes, mort en odeur de sainteté, ordonna par son testament qu'on l'ensevelît dans cette chapelle. Sa volonté fut exécutée; mais pendant la révolution son tombeau ayant été profané, le clergé de Ste.-Marie a relevé le corps de son premier sépulcre et l'a transporté dans le chœur, où on lit l'humble épitaphe qu'il composa lui-même.

LEONARDUS DE TRAPES, ARCHIEPISCOPUS AUXITANUS, VERMIS ET NON HOMO, OPPROBRIUM HOMINUM ET ABJECTIO PLEBIS.

Les chapelets et le crucifix qu'on avait mis sur le corps de Léonard de Trapes, sont maintenant dans une croix de fer doré, sur l'autel du chœur.

La chapelle de *St. Austinde* est appelée, par le peuple, *de St. Léonard.* Elle était autrefois couverte d'*exvoto*, en commémoration des miracles opérés sur son tombeau.

La sépulture de M. de Meaupou, qui était au bas des marches de l'autel du chœur, fut fouillée dans la révolution : en réparation, ses cendres ont été recueillies et transportées dans la chapelle de St. Austinde.

Son épitaphe sur cuivre avait été enlevée.

Dans les 3.e et 4.e chapelles, sont des autels qui n'ont point encore reçu de dédicace. On remonte de la dernière, par un escalier pareil à celui du nord, dans l'ancien passage du cloître.

Les voûtes de ces cryptes sont d'arêtes surbaissées, en pierre.

Tous les étrangers admirent l'état de conservation de l'église de St.-Marie. Elle est due au bon esprit des habitans d'Auch, et à l'influence qu'avaient acquis quelques amis du bien, hommes sages et éclairés, sur l'esprit des dévastateurs. M. l'abbé *Alexandre*, vicaire-sacristain, s'est rendu très-recommandable aux amis des arts, par l'ordre qu'il a établi et qu'il entretient dans la réparation des diverses parties qui composent ce monument. C'est sur-tout à M. *Balguerie*, préfet du département, qu'on a l'obligation des travaux les plus urgens, exécutés, pour la réparation de cet édifice, au moyen des secours et des encouragemens qu'il n'a cessé de donner dès les premiers momens de son administration.

PARTIE HISTORIQUE.

ÉTABLISSEMENT DU CHRISTIANISME ET D'UN PREMIER ÉVÊCHÉ DANS L'AQUITAINE.

L'OPINION la plus généralement adoptée sur l'époque de l'établissement d'un premier évêché dans l'Aquitaine, est que *St. Sernin*, évêque de Toulouse vers la fin du premier siècle, étant venu prêcher la foi dans la ville d'Auch, y bâtit une chapelle en l'honneur de St. Pierre, sur la rive orientale du Gers, et se rendit à Eauze, où il institua évêque son disciple *St. Palerne*. -- Quelques historiens prétendent cependant que déjà avant cette époque St. Cerats avait commencé à répandre le christianisme, d'abord à Simorre, et puis dans toute la Gascogne, et que sa principale résidence fut dans cette dernière ville, où il mourut sous le règne de l'empereur Hadrien ; mais on verra par la suite que la première opinion est la plus probable.

ÉVÊQUES D'EAUZE.

Le siége métropolitain, fixé à Eauze, fut occupé, après *St. Paterne*, par *St. Servat*, *St. Optat* et *St. Pompidien*; mais *St. Taurin*, cinquième évêque, fut obligé de transférer son siége à Auch, à cause de l'irruption des Allemands vers l'an 290.

Ce prélat transporta à Auch, avec les corps des évêques ses prédécesseurs, le premier autel qui avait été consacré à Dieu, en l'honneur de la Ste. Vierge, dans la ville d'Eauze. Il fit bâtir sur le rocher de la cité, et dans l'endroit où se trouve aujourd'hui l'église de Ste.-Marie, une petite chapelle, où il plaça l'autel. Les reliques furent inhumées dans l'église de St.-Jean, où *St. Taurin* fixa son siége.

Son zèle l'ayant porté à se rendre dans le bois de Berdale, près d'Aubiet, pour prêcher la foi aux Druides, qui y faisaient les cérémonies de leur culte, ceux-ci le martyrisèrent l'an 294.

Son corps fut inhumé près des tombeaux de ses prédécesseurs. Il n'existe plus aucun vestige de ces derniers; mais les reliques de *St. Taurin* ayant été transportées dans le temps à Ste.-Marie, reposent maintenant sur l'autel de la première chapelle souterraine, à droite en entrant, du côté du nord.

Depuis *St. Taurin*, l'église d'Auch continua d'être épiscopale de la suffragance d'Eauze, dans laquelle le siége métropolitain fut rétabli, après que l'empereur Probus eut expulsé les Allemands de l'Aquitaine.

Mammertin succéda à St. Taurin dans le siége d'Eauze, en même-temps que Citere occupait celui d'Auch, dès l'an 313.

Nous parlerons d'abord des évêques d'Eauze, ensuite de ceux d'Auch jusques à l'établissement du titre archiépiscopal dans cette dernière ville.

Évêques métropolitains d'Eauze.

Les successeurs de *Mammertin*, jusqu'au quatrième siècle, nous sont inconnus. A cette époque, pendant que l'empereur Honorius faisait la guerre en Italie, les Vandales se jetèrent sur les Gaules, désolèrent l'Aquitaine, et détruisirent un grand nombre d'églises dans la Novempopulanie. Celle d'Eauze fut de ce nombre.

St. Cerats, né en Bourgogne, de la race des ducs de ce pays, et disciple de St. Ambroise, évêque de Milan, vint prêcher à Eauze et dans les environs d'Auch, où il établit le christianisme, déjà éteint par les prédications des évêques gnostiques d'Espagne; ensorte que ce prélat est regardé comme l'apôtre de cette contrée. Il mourut à Simorre, où son corps a été depuis honoré d'un culte public.

St. N. . . . fut martyr des persécutions d'Évaric, roi des Goths, qui était arien, et qui voulait établir ses erreurs dans les pays qu'il soumettait à ses armes. L'an 469 il se présenta aux portes d'Eauze, que lui fermèrent les habitans. Il fit démolir la ville et martyriser l'évêque, dont on ignore le nom. Le siége demeurant vacant jusqu'au temps du roi Alaric II, qui ne persécuta point les catholiques.

La ville d'Eauze ayant été rétablie sous son règne, vers l'an 500, eut pour évêque *St. Clair*, qui assista au concile d'Agde, et s'y distingua. Il mourut en odeur de sainteté l'an 510.

Avant la révolution, sa fête était célébrée dans l'église de St.-Orens d'Auch, où reposaient ses reliques.

Léonce alla au premier concile d'Orléans, qu'il présida. Il y lut la lettre écrite par le grand Clovis aux pères de cette assemblée.

St. Aspase se trouva au second concile d'Orléans et au cinquième.

Laban, qui assista aussi à plusieurs conciles, mourut en l'an 588.

Desidere était laïque lorsqu'il fut désigné pour succéder au précédent. Il vécut jusqu'à l'an 625.

Senoc assista au premier concile de Rheims; mais peu de temps après ayant été accusé par Aighnan, duc de Gascogne, d'avoir participé à la révolte des Gascons, il fut banni par le roi Clotaire II l'an 622. Bientôt après ayant été rappelé, il mourut vers l'an 660.

Paterne II occupa le siége épiscopal jusqu'à la destruction de la cité d'Eauze et des autres villes de Gascogne, par les Sarrasins, sous la conduite de leür chef Abderame, vers l'an 722. Cette métropole ne fût plus rétablie ; mais vers le milieu du neuvième siècle, Taurin II, évêque d'Auch, voyant sa métropole ruinée depuis environ 150 ans, jugea à propos de réunir le diocèse d'Eauze à celui d'Auch, et de fixer le siége métropolitain dans cetté dernière ville, ce que l'on pense avoir été ordonné dans le concile de Toulouse, l'an 829.

Avant de parler des archevêques successeurs de Taurin II, nous donnerons la série des évêques d'Auch, suffragans d'Eauze.

Évêques d'Auch.

Citere occupa le siége d'Auch, après le martyre de St. Taurin I.

Anfrone, *Apruncule* et *St. Ursicin* ou *Ursiniain*, succédèrent au premier.

St. Orens, espagnol, fils d'un duc d'Urgel, gouverneur de Catalogne, ayant distribué ses riches possessions aux pauvres, se retira dans les montagnes de Bigorre pour y passer sa vie dans les austérités et la contemplation. L'an 400, la réputation de sa sainteté le fit élire évêque d'Auch après le décès de St. Ursicin. *St. Orens* fit abattre un temple d'Apollon, et bâtir à sa place une chapelle en l'honneur des saints martyrs Quirice et Juliette, sur le mont Nerveva près d'Auch (aujourd'hui St-Cric.) Plusieurs historiens parlent avec éloge d'un poëme latin de *St. Orens* sur les vertus chrétiennes, et sur les remèdes à employer contre les vices capitaux.

La tradition porte que, sous son épiscopat, les Vandales ayant mis dans leurs projets de détruire la ville d'Auch, *St. Orens* la préserva, par ses prières, du fléau qui la menaçait. Tous les ans, le 6 de mai, on fait encore une procession générale en mémoire de ce bienfait.

Ce saint rendit son ame à Dieu le premier de mai 439, et son corps fut enseveli avec ceux des quatre premiers évêques d'Eauze, qui avaient été transportés par St. Taurin I dans l'église de St.-Jean. Peu de siècles après, elle fut mise sous l'invocation de St. Orens.

Pendant la révolution, elle a été vendue et démolie.

Armentaire et *Minerve* ou *Armaire*, succédèrent au précédent; mais ce dernier ayant été martyrisé par Évaric, roi des Goths, l'an 469, le siége épiscopal fut vacant jusqu'au règne d'Alaric II.

Nicet Ier. fut nommé évêque d'Auch après la persécution d'Évaric, l'an 497.

Perpétue, qui vécut et mourut en odeur de sainteté, accepta les donations considérables faites à l'église d'Auch par le grand Clovis, après que ce premier roi chrétien de France eut renversé le trône des Visigoths en ce pays, l'an 509. Ce monarque fit bâtir hors de la ville d'Auch, sur les bords du Gers, une belle église en l'honneur de St. Martin, évêque. Un monastère fut construit auprès, et devint la résidence des prélats d'Auch et de leur clergé.

De l'an 511 jusques vers le milieu du septième siècle, on trouve une suite de vingt-cinq évêques, pendant la vie desquels il ne s'est passé aucun fait important pour l'histoire du pays.

St. Léothade, proche parent d'Eudes, duc d'Aquitaine et de Gascogne, qui était de la race de Clotaire II, fut d'abord abbé de Moissac, ensuite évêque d'Auch, où il resta vingt-sept ans. Les guerres que se faisaient Charles Martel et le duc Eudes, ainsi que les ravages faits en Gascogne par les Sarrasins venus d'Espagne, obligèrent *St. Léothade* à se retirer en Bourgogne, où il mourut au commencement du huitième siècle. Son corps repose maintenant sur l'autel d'une des chapelles souterraines de Ste.-Marie.

St. Paterne-Patrice, successeur du précédent dans l'abbaye, le fut aussi dans l'évêché. Vers le milieu du dix-septième siècle, ses ossemens furent trouvés dans un tombeau qui fut ouvert par ordre de l'archevêque Dominique de Vic, dans une des chapelles souterraines. On ne sait ce qu'ils sont devenus depuis.

Ce fut sans doute du temps de cet évêque, en 724, que les Sarrasins ruinèrent toutes les villes de la Gascogne. Il ne resta de la nôtre qu'un petit bourg au pied de la montagne sur laquelle était la cité, qui fut détruite entièrement et ne fut rétablie que deux siècles après.

Élizée fut élu après la grande victoire remportée en 790, par Charles Martel, sur les Sarrasins, qui néanmoins recommencèrent la guerre cinq ans après.

Depuis *Élizée* jusqu'à l'an 884, on trouve une suite de onze évêques dont nous ne parlerons pas, par la même raison que plus haut.

Taurin II fut le dernier évêque d'Auch. De son temps, les Normands et les Danois débarquèrent en nombre formidable à Bordeaux, qu'ils assiégèrent inutilement. Ils se jetèrent ensuite sur la Gascogne, et la ravagèrent avec une fureur extrême. Le duc Totilus ayant levé des troupes, poursuivit et chassa les barbares de ses états. *Taurin*, avec le secours de ce prince (qualifié dans des manuscrits du titre de *roi*), bâtit en 845 l'église de Ste.-Marie sur le local de la cité détruite en 724, et y plaça l'autel de Notre-Dame, qui avait été transporté d'Eauze à Auch par St. Taurin Ier., vers la fin du troisième siècle. Le clergé cathédral fut établi dans cette église, et gouverné par des abbés ; le monastère de St.-Martin continua d'être la résidence des évêques et archevêques jusqu'au temps où Raymond II fit bâtir le palais archiépiscopal auprès de l'église de Ste.-Marie, l'an 800. Jusqu'à cette époque, les prélats n'allèrent à Ste.-Marie que le Jeudi-Saint, pour y consacrer les saintes huiles.

ARCHEVÊQUES D'AUCH.

Ayrard, appelé aussi *Ardenain*, successeur de Taurin II dans le siége d'Auch, fut le premier qui porta le nom d'archevêque de cette ville. Il reçut ce titre du pape Jean VIII, dans une lettre du 13 juin de l'an 879.

Odilon-Auriol-Utsiand, qui occupait le siége en 917, ordonna des évêques en Espagne, en sa qualité de *primat* d'Aquitaine. Il est à propos d'observer à l'égard de l'exercice de ce droit, que lors de la formation du royaume de ce nom par Charlemagne, en 781, ce prince le composa des territoires du duché d'Aquitaine, de Gascogne, et de la Marche d'Espagne qui comprenait les Pyrénées, l'Aragon et la Navarre, dont les deux archevêchés furent soumis, dans la suite, à la juridiction primatiale de l'archevêque d'Auch, qui en était le plus voisin. Des documens authentiques portent que les évêques métropolitains d'Eauze avaient déjà exercé les mêmes droits en Espagne: Selon toutes les apparences, ils furent renouvelés lors de l'union des deux diocèses.

Du temps de l'archevêque *Odilon* et du duc Garsie-Sanche dit le Courbé, les Sarrasins ravagèrent de nouveau la Gascogne, après leur victoire sur les chrétiens, au Val-de-la-Jonquière, l'an 720. Ce désastre força plusieurs prélats de quitter leurs églises; l'archevêque fut de ce nombre. En son absence, le clergé reçut plusieurs grandes donations faites à l'église d'Auch.

Bernard Ier. ayant été élu à la place du précédent en 943, accepta plusieurs donations faites à son église.

Du temps de ce prélat, Bernard-le-Louche, comte d'Armagnac, fit bâtir un monastère dans le faubourg, sur les anciens murs de la cité, près de l'église de St.-Jean (depuis de St.-Orens), qu'il fit agrandir, et il y établit des moines et un abbé. La paroisse d'Auch, qui avait été administrée d'abord dans l'église de St.-Jean, et ensuite dans celle de Ste.-Marie, fut alors divisée en deux pour l'avantage du nouveau monastère. On continua néanmoins d'enterrer tous les morts, même les archevêques, dans l'église et le cimetière de St.-Jean, une loi ancienne, en vigueur encore alors, défendant d'enterrer dans les villes.

Indulse ou *Hydulphe*, en 975: *Seguin* ou *Siguin* en 978; *Adon* ou *Odon*, autrement *Eudon*, qui était fils de Robert, roi de France en 997, neveu de Hugues Capet, précédemment régnant en 988, et frère d'Henry I; *Garsie Ier.*, en 992; *Othon-d'Astarac*, abbé de Simorre, et frère du comte d'Astarac, en 997, et *Garsie II de Labarthe*, en 1025, occupèrent le siége d'Auch successivement, et acceptèrent des donations de grands biens pour leur église.

Raymond Ier., surnommé *Copa*, petit-fils de Bernard Othon, comte de Fezensac, fut très-pieux et fort attaché aux intérêts de son église.

Il fit bâtir près des murs de la métropole un cloître régulier, dans lequel les chanoines de Ste.-Marie se retirèrent, et embrassèrent la règle de St. Augustin. L'archevêque fut secondé dans cet établissement par son neveu Guillaume Astanove, comte de Fezensac, qui dota le collége des chanoines (appelé dans la suite chapitre), et donna des sommes pour la construction de la maison claustrale.

Raymond établit ensuite un cimetière près de son église, avec la liberté d'y ensevelir, pour n'avoir pas à faire porter à St.-Orens les morts du collége ou chapitre, et ceux de la paroisse de Ste.-Marie. Cette nouveauté donna lieu à un procès qui dura près de cent ans, entre l'archevêque et les chanoines d'une part, et les moines de St.-Orens de l'autre, ces derniers prétendant qu'à leur église était réservé le droit exclusif des sépultures de toute la ville. Ils parvinrent par leurs calomnies à faire déposer l'archevêque *Raymond*, en l'accusant de simonie. On s'accorde néanmoins à le regarder comme un des plus grands prélats de l'église d'Auch.

St.-Austinde, autrement *Austense* ou *Ostin*, natif de Bordeaux, d'abord clerc ou chanoine de sa métropole, ensuite moine et abbé de St.-Orens, fut élu archevêque en remplacement de Raymond, à peu près l'an 1048 ou 49. Il fit bâtir la ville de Nogaro dans le fonds qu'il acheta de Guillaume-Raymond de Nogaro, et y fonda une église collégiale, qu'il mit sous la dépendance du chapitre métropolitain.

Ce prélat fit rebâtir et agrandir l'église de Ste.-Marie d'Auch, secouru des libéralités de Guillaume Astanove, comte de Fezensac, duquel nous avons parlé plus haut.

St. Austinde ayant convoqué à Auch un concile de toute la Gascogne, auquel il présida avec Hugues-le-Blanc, cardinal-légat du St.-Siége, rendit son ame à Dieu le 27 de juillet 1068. Son corps fut inhumé dans l'église de St.-Orens, en présence de tous les évêques du concile. Il repose mantenant sur l'autel de la chapelle souterraine du milieu des cryptes de Ste.-Marie. On voit son cerveau dans un reliquaire.

Guillaume I de Montaut, fils de Bernard, baron de ce nom, archevêque en 1068, assista à des conciles, et accepta plusieurs grandes fondations. Il mourut en 1096.

Raymond II de Pardiac, fils de Bernard Pelagos, comte de ce nom, et de Bernarde Biverne de Berneze, fille de Ramire, roi d'Aragon, se fit moine de St.-Orens, d'où il fut tiré pour succéder à Guillaume.

Il fut le premier des archevêques d'Auch qui reçut le *pallium*. Ce prélat fit bâtir le palais archiépiscopal joignant l'église de Ste.-Marie, dans un local donné par Montarsin de Montaut, et y alla faire sa résidence. En quittant le monastère de St.-Martin, où jusqu'alors les archevêques résidaient habituellement, comme nous avons déjà dit plus haut, il assigna à cette église le territoire d'une paroisse particulière. Le monastère fut néanmoins régi par des abbés, jusqu'à sa destruction.

Raymond mourut en odeur de sainteté le premier octobre l'an 1118.

Bernard II de Ste.-Christie, natif d'Astarac, et de la race des comtes, d'abord moine, puis grand-vicaire de l'archevêque Guillaume I, ensuite évêque de Bayonne à cause de la sainteté de sa vie et de sa profonde doctrine, fut appelé à l'archevêché d'Auch, dans un âge fort avancé, en 1118.

L'année suivante, il reçut un bref du pape Gelase en faveur du cimetière de St.-Orens; mais ayant poursuivi devant le successeur de celui-ci, Caliste II, le procès contre les moines, ce pontife lui donna droit par un rescrit du 15 avril 1120. En conséquence *Bernard* bénit solennellement le nouveau cimetière en présence d'un grand nombre d'évêques.

Ce fut alors que les moines de St.-Orens firent éclater leur fureur. Ils marchèrent armés vers l'église de Ste.-Marie, et décochèrent des flèches sur le clergé; une d'elles perça le corporal, sur l'autel, l'autre un des souliers de l'évêque officiant, et une autre blessa mortellement un laïque. Enfin les moines, voyant qu'on fermait les portes, mirent le feu à l'église, qui aurait été bientôt consumée si on ne s'était empressé d'arrêter l'incendie.

Ces excès ayant été dénoncés au 10.e concile de Toulouse du 6 juin 1120, le premier général de l'église latine, on traita du cimetière de Ste.-Marie, dont l'érection fut confirmée.

Le 12 février de l'année suivante, l'archevêque fit solennellement la dédicace et la consécration du principal autel de Ste.-Marie, et l'an 1126 ce prélat mourut en odeur de sainteté. Il fut le premier archevêque enseveli dans cette église.

Guillaume II d'Endofielc ou *d'Andozile de Montaut*, neveu de St. Bertrand et élevé par lui, fut d'abord moine à St.-Paul-de-Verdun, ensuite évêque de Lectoure, et l'an 1126 il fut fait archevêque d'Auch. Doué d'une piété profonde et de grandes lumières, il reçut des papes Honoré, Innocent II, Celestin II, Luce II et Adrien IV, successivement, le titre de *légat*.

Guillaume fit écrire la vie de St. Bertrand, évêque de Commenges, et le fit canoniser par le pape Alexandre III. Cette canonisation fut une des premières faites par les papes. Auparavant, des miracles de notoriété publique opérés sur un tombeau, autorisaient suffisamment à relever le corps saint du sépulcre, et à lui rendre un culte public.

Bernard IV, comte d'Armagnac, ayant contribué à la reconstruction de la cité d'Auch, fut associé par l'archevêque à la seigneurie de la ville, qui fut alors repeuplée après avoir resté en ruine plusieurs siècles de suite, pendant lesquels il n'existait qu'un bourg sur la rivière.

L'archevêque *Guillaume* mourut en l'année 1167, le 26 décembre.

Geraud de la Barthe, de la race des comtes d'Aure, descendant du 1.er comte de Gascogne par ceux de Fezensac, fut d'abord chanoine et archidiacre dans l'église de Ste.-Marie, ensuite évêque de Toulouse en 1163, enfin archevêque d'Auch en 1170, et *légat* du St.-Siége en 1174. Étant à Rome, il reçut le *pallium* des mains du pape.

Ce fut de son temps qu'Herard Dupin, chanoine et sacristain de Ste - Marie, racheta du chapitre, moyennant 140 sols, les pains offerts à la messe, qui, jusqu'à ce temps, étaient au profit du jardinier des chanoines. Par une fondation de 1175, Hérard destina ces pains à une distribution journalière, qui devait être faite perpétuellement par les chanoines à 15 pauvres. Avant la révolution, cela se pratiquait encore sous la dénomination de *mandat*.

Bernard IV, comte d'Armagnac (dont nous avons parlé plus haut), qui voulait mettre l'un de ses deux fils sur le siége archiépiscopal, fit la guerre à l'archevêque, s'empara de l'église métropolitaine, et ravagea les biens de l'archevêché pendant que *Geraud* était à Rome. Après son retour, le comte détruisit une grande partie de l'église de Ste.-Marie et du cloître canonial, fit mettre le feu à celle de St.-Martin et au château de Lamaguere, tandis que l'archevêque y était. D'autres violences, ajoutées à celles-là, obligèrent *Geraud* et son clergé à quitter Auch, et à chercher plusieurs asiles jusqu'à la conclusion de la paix avec Bernard, qui eut lieu à la fin de 1180.

En 1190, *Geraud* alla dans la Palestine

avec Richard, roi d'Angleterre, duc de Guyenne, qui lui donna le commandement de son armée. Il mourut dans la Terre-Sainte, l'an 1191.

Bernard III de Sedirac ou *de Sedilhac*, vicaire-général du précédent, succéda à Geraud. Il occupa le siége jusques en 1200.

Bernard IV de Montaut l'occupa depuis 1200 jusques en 1214. Il donna à son chapitre plusieurs biens ; mais ayant été soupçonné de favoriser l'hérésie des Albigeois, et le chapitre s'étant plaint devant le pape du déréglement de ses mœurs, le souverain pontife, en 1214, nomma des commissaires pour enquérir sur les lieux. Le siége d'Auch vaqua la même année.

Garsie de l'Hort, d'abord abbé de St.-Pierre-de-Generés, ensuite évêque de Commenges en 1210, fut élu archevêque d'Auch en 1214. Ce prélat rendit de grands services à l'église et au peuple dans la guerre contre les Albigeois. Il vécut et mourut en odeur de sainteté le 12 mai 1226, à Sauve-Majeure, où il fut enseveli.

Amaneu I (Émanuel) de Grisignhac, de Rioms, dans le diocèse de Bordeaux, fut élu évêque de Tarbes en 1224, et archevêque d'Auch en 1226. Ayant été appelé à Rome par le pape Gregoire IX, pour être fait cardinal, il fut arrêté en chemin par les ordres de l'empereur Frédéric II, qui était son ennemi, et mené à Capoue, où il mourut en 1242. Son corps fut porté, dans la suite, à l'abbaye de la Sauve-Majeure.

Hyspan de Massas, ou *Massés*, fut élu archevêque en 1245. Pendant la durée de son épiscopat, il reçut hommage de deux comtes d'Armagnac, conformément à la fondation de Bernard III, qui avait soumis son comté à l'église de Ste.-Marie. *Hyspan* demanda au roi St. Louis de vouloir protéger l'église d'Auch comme ayant été dotée par Clovis, ce qu'il obtint par arrêt de novembre 1292. Ce prélat mourut le premier jour de mai 1261

Amaneu II d'Armagnac et de Fezensac était chanoine de St.-Étienne de Toulouse, lorsqu'il fut appelé au siége d'Auch, en 1261.

Il devint fort suspect au roi de France Philippe-le-Bel, à cause des prétentions qu'Edouard, roi d'Angleterre, duc de Guyenne, avait sur la Gascogne, et pour lesquelles il écrivit aux prélats de la province en 1294. D'ailleurs *Amaneu* n'ayant pas voulu se trouver à l'assemblée générale du clergé, convoquée à Paris, par le roi, à l'occasion de sa rupture avec le pape Boniface VIII, il s'attira l'entière disgrace du roi, qui, dans son courroux, fit assiéger la ville d'Auch en 1297. L'archevêque ayant accordé des lois et priviléges aux habitans d'Auch, conjointement avec Bernard VI, comte d'Armagnac, mourut l'an 1318, étant très-vieux, et après avoir tenu le siége pendant 57 ans.

Roger d'Armagnac, neveu du précédent, évêque de Lavaur, fut élu par le chapitre en 1318. Ayant été inquiété dans la possession de l'archevêché, il retourna dans son évêché de Lavaur en 1321.

Guillaume II de Flavecour, du diocèse de Rouen, d'abord évêque de Viviers en 1319, de Carcassonne en 1322, fut élu archevêque d'Auch en 1324.

Ce prélat fit, en 1330, le paréage pour la justice d'Auch, avec le roi Philippe de Valois. Il fut chancelier de Charles-le-Bel comte de Bigorre et de la Marche, ensuite gouverneur de Guyenne et de Gascogne, avec le comte de Lapalu, depuis l'an 1337 jusqu'après 1351.

La peste ravageait Auch, sur-tout le faubourg, en 1342. L'archevêque, pour faire cesser ce fléau, fonda dans son église, en la chapelle de St.-Denis, huit prébendes et une chapellenie de St.-Denis et de St.-Nicolas. Il fut transféré à l'archevêché de Rouen, où il mourut la même année.

Arnaud d'Albert ou *d'Aubert*, de Mons en Limousin, neveu du pape Innocent VI, fut camérier de l'église de Rome, abbé de St.-Martial de Limoges, patriarche titulaire de Jerusalem, évêque d'Agde, ensuite de Carcassonne, enfin archevêque d'Auch en 1356. Il fut fait cardinal par le pape Urbain V, qui avait établi Arnaud à Avignon pour son grand-vicaire.

En 1371 ayant entrepris la reconstruction de l'église de Ste.-Marie, il mourut peu de temps après dans l'Avignonais, et fut enseveli dans la chartreuse de Villeneuve-d'Avignon, le 11 de juin 1371.

Jean I de Roger, de Malemort en Limousin, neveu du pape Clément VI, et frère de Gregoire XI, succéda au précédent en 1371. Trois ans après il fut transféré à l'archevêché de Narbonne, où il mourut en 1391.

Nota. Depuis ce prélat jusqu'à Berenger, le schisme, qui désolait l'église romaine, causa des dépositions et des rétablissemens de nos archevêques, selon le parti qu'ils embrassaient.

Philippe I d'Alençon était fils de Charles II, comte de Chartres, neveu du roi Philippe de Valois, et cousin-germain du roi Charles V. Il fut d'abord évêque de Beauvais, ensuite archevêque de Rouen, patriarche de Jérusalem, après d'Acquilée, doyen du sacré collége, vicaire-général et légat du saint-siége à Acquilée. Ayant été pourvu de l'archevêché d'Auch en commande, par le pape Gregoire XI, l'an 1374, le chapitre ne voulut pas le reconnaître, et il élut *Jean*, doyen de Laon, en 1375. D'autre côté, Clément VII, pape d'Avignon, nomma *Bertrand de Roffiac*, abbé de Simorre, en 1378, qui prit possession pour *Jean*, élu par le chapitre, et il accorda des indulgences à ceux qui contribueraient aux grandes réparations de l'église de Ste.-Marie.

Cet archevêque mourut à Rome en 1392, dans une grande réputation de sainteté, et fut enseveli dans l'église de Ste.-Marie au-delà du Tybre.

Jean II Flandrini, du diocèse de Viviers, docteur en droit, doyen du chapitre de Lan, et évêque de Carpentras, avait été nommé par le chapitre. Clément VII lui refusa les bulles, comme on l'a dit plus haut, et nomma l'abbé *Roffiac*; mais *Jean* s'étant rangé du parti d'Avignon, obtint les bulles en 1379. Cependant le clergé de la province d'Auch, assemblé à St.-Sever, rejeta la communion de cet archevêque, qui avait pris possession par le ministère de *Roffiac* l'année auparavant. Il fut créé cardinal par Clément VII, après le décès duquel il concourut, en 1394, à l'élection de Benoît XIII.

Il fut fait prisonnier en 1396 par Bernard VII, comte d'Armagnac, avec lequel il était mal depuis son installation, le frère et prédécesseur de Bernard ayant voulu placer sur le siége métropolitain Viger, évêque de Lectoure, qui lui avait rendu de grands services. L'archevêque *Jean* mourut la même année à Viviers, à l'âge de 93 ans.

Jean III d'Armagnac était archidiacre de Lomagne, dans l'église de Lectoure, lorsqu'il fut appelé à l'évêché de Mende en 1387. Il fut nommé archevêque d'Auch en 1390 par le pape Clément VII, à l'époque où Flandrini fut créé cardinal. En ce temps-là les évêchés vaquaient par la promotion des évêques au cardinalat.

Il fut fait archevêque de Rouen, en 1394, par Benoît XIII, dont il avait toujours suivi le parti, ce qui fit que le chapitre ne le voulut point recevoir.

En 1399, *Jean* fut de nouveau pourvu de l'archevêché d'Auch par le même Benoît XIII. En 1401, le roi Charles VI le fit conseiller-d'état, et l'envoya en 1404 vers le pape, qui le fit cardinal en 1406. Le pape

Innocent VII voulut le déposer ; ce que fit par son successeur Gregoire XII. *Jean* mourut à Perpignan le 18 de février 1408. Le pape Benoît XIII, qui était dans cette ville, lui donna pour successeur Berenger Guilhot. (Voyez son article plus bas.)

Pierre Langlade de Montbrun, du diocèse d'Acqs, eut l'archevêché d'Auch, en commande, du pape Gregoire XII, en 1406. Pendant trois ans, il jouit de la plus grande partie des revenus de l'archevêché, le reste du diocèse étant encore possédé par Jean III.

Il quitta Auch en 1408.

Berenger de Guilhot, du diocèse de Castres, chanoine et archidiacre dans le Couserans, vicaire-général de l'évêque de Commenges, et ensuite de Jean III, fut pourvu de cet évêché par Benoît XIII, le 3 novembre 1409. Il prit possession à l'âge de 70 ans.

Ce prélat fut sur le point d'être déposé, ou du moins de voir partager son diocèse en deux par le pape Jean XXIII, qui, en l'année 1420, érigea, à l'occasion du schisme, l'abbaye de Berdoues en évêché, sur la demande d'une partie du diocèse, et sur-tout du comte Jean III d'Armagnac, dont le frère naturel devait le premier occuper le nouveau siége, qui aurait été établi à Mirande.

Mais l'archevêque *Berenger* ayant su mettre dans ses intérêts le roi Charles VII, et s'étant aussi rangé du parti du vrai pape Jean XXIII, cette érection fut révoquée par ce pontife l'an 1413. *Berenger* se rendit l'année suivante au concile de Constance, qui dura quatre ans, où furent déposés les trois papes.

L'archevêque étant de retour établit un maître de musique et des enfans de chœur dans son église : enfin, las de tant d'agitations et fort avancé en âge, il permuta l'archevêché contre l'évêché d'Agde, et mourut la même année 1425.

Philippe II de Levis, d'abord évêque d'Agde, fut nommé archevêque d'Auch, et prit possession de son église le 11 août 1425. En 1429, on reprit la construction de l'église de Ste.-Marie, abandonnée depuis long-temps, et elle fut agrandie. L'archevêque, après avoir résigné son siége à son neveu, fut transféré à l'archevêché de Rouen en 1453, et mourut le 25 janvier de la même année.

Philippe III de Levis était d'abord évêque de Mirepoix; il fut archevêque d'Auch sur la résignation de son oncle, précédent archevêque, en 1454, et transféré à l'archevêché d'Arles en 1462. Il mourut à Rome, étant cardinal, le 4 novembre 1475.

Jean IV de Lescun - d'Armagnac, concurrent du précédent, nommé par le chapitre en la même année, fut fait cardinal en 1473. Le feu ayant embrâsé de nouveau l'église de Ste.-Marie, il accorda des indulgences à ceux qui contribueraient à la rebâtir, mourut dans l'abbaye de Gimont, âgé de 112 ans, en 1483, et y fut enterré.

François I, cardinal de Savoie, archevêque, par élection du chapitre, en 1483, fit reprendre la construction de l'église de Ste.-Marie à la chapelle de Montesquiou, près du lieu où se tenait le chapitre. Le cardinal mourut à Turin le 3 octobre 1490.

Jean V de la Trimouille, archevêque d'Auch en 1490, continua de bâtir l'église et fit de grandes aumônes. Il fut fait cardinal en 1506, mourut à Milan, et fut inhumé à Thouars en Poitou, avec sa famille, le 30 août 1507.

François II de Clermont-Lodeve fut d'abord premier évêque de St.-Papoul, ensuite cardinal, évêque de Tivoly, puis archevêque de Narbonne, et ambassadeur du roi Louis XII à Rome, enfin archevêque d'Auch le 15 septembre 1507. Il continua de bâtir l'église, fit faire les stalles du chœur ainsi que les vitraux peints, et laissa de très-riches ornemens. Il fonda le collége, et mourut à Avignon en 1540.

Jean VI de Lacroix, auscitain, chanoine de Ste.-Marie, et archidiacre de Pardeilhan, fut élu par le chapitre archevêque d'Auch, nonobstant la nomination que le roi François I.er avait fait du cardinal de Tournon, en vertu du concordat de Léon X. Il exista quelque temps des débats entre l'archevêque et les chanoines; mais le cardinal ayant fait entendre à ces derniers qu'il obtiendrait leur sécularisation, *Lacroix*, qui ne la désirait pas moins que ses confrères, se désista de son droit. Il fit don d'une statue de la Vierge en argent, et mourut en 1547.

François III de Tournon fut d'abord archevêque d'Embrun, ensuite de Bourges. Ayant été fait cardinal, il fut nommé archevêque d'Auch en 1538.

A l'entrée des archevêques d'Auch, le baron de Montaut conduisait la mule du prélat, servait à table, et emportait ensuite le buffet. Le baron de Montaut ayant fait le service à M. de *Tournon*, et celui-ci se servant de vaisselle de verre, le baron, après l'avoir reçue, la rompit en présence de toutes les personnes qui avaient assisté au festin. L'archevêque ressentit une peine si vive de cette action scandaleuse, que peu de jours après il quitta Auch, et partit pour Rome. Cependant, l'an 1548, la nouvelle église de Ste.-Marie fut consacrée par M. Jean Dumas, évêque de Cardyte en Syrie, grand-vicaire de l'archevêque d'Auch. Cette cérémonie eut lieu à pareil jour qu'avait été faite la première dédicace en 1121. Le collège fut achevé ; l'Archevêque et le chapitre le dotèrent de grands biens, et l'instruction fut confiée aux Jésuites. Le cardinal ayant été transféré à l'archevêché de Lyon en 1553, mourut à St.-Germain-en-Laye en 1562.

Hypolite-Charles d'Este, fils du duc de Ferrare, cardinal, archevêque de Milan, ensuite de Lyon, le fut d'Auch en 1554. Il fit démission de son archevêché, sans avoir paru dans son diocèse, en 1562. Il mourut à Rome en 1572.

Jean VII de Chaumont fut élu archevêque d'Auch en 1566 par le chapitre.

En 1569, Montgomery, à la tête de l'armée de Jeanne de Navarre, surprit la ville d'Auch, et la traversa sans y causer de dommage.

Louis d'Este, cardinal, neveu de l'archevêque Hypolite d'Este, et nommé son successeur par le pape, prit possession par procureur en 1578. Il fut envoyé en qualité de *légat* vers le roi de France, et assista aux états de Blois. Il mourut à Rome en 1586, ayant ordonné que son cœur fût envoyé dans l'église de Ste.-Marie.

Henry I de Savoie, marquis de St.-Sorlin, et neveu du précédent archevêque, fut nommé en 1590, et fit démission en 1597.

Léonard de Trapes, archevêque d'Auch en 1597, acheva les voûtes de Ste.-Marie et les vitraux du chœur. Il donna à cette église de riches ornemens, consacra l'église du collége, et visita les tombeaux des saints évêques qui sont dans les chapelles souterraines. Il fonda le grand couvent des Ursulines, celui des Capucins où il fut autorisé à prendre l'habit, en conservant néanmoins ses attributions archiépiscopales. Il institua la congrégation des Pénitens-bleus, et décora leur église de beaux tableaux qui ont été détruits dans la révolution. (C.) Il mourut le 29 octobre 1629, en odeur de sainteté, après avoir ordonné qu'on l'ensevelît dans la chapelle souterraine de St. Austinde. (Voyez pag. 38, Partie descriptive.)

Dominique de Vic, coadjuteur du précédent, conseiller-d'état en 1621, archevêque de Corynthe *in partibus*, fut nommé archevêque d'Auch le 16 février 1626. Il fit faire les vitraux des chapelles de la nef, et donna de riches ornemens. Il mourut à Armenonville en 1661.

Henry de Lamothe-Houdancour, commandeur des ordres du roi, grand-aumônier de la reine-mère Anne d'Autriche, d'abord évêque de Rennes, ensuite archevêque d'Auch en 1662, fit bâtir le jubé de la porte du chœur, le porche et les clochers, les balustres des chapelles, les orgues et la tribune qui les supporte, et fonda le grand séminaire. Il mourut à Mazeres le 24 février de 1684, et fut inhumé sous le clocher septentrional. Le pape Innocent XI ayant appris sa mort, s'écria qu'*une des colonnes de l'église était tombée*.

Arnaud-Anne-Tristan de la Beaume de Suze, évêque de Tarbes en 1675, de St.-Omer en 1677, enfin archevêque d'Auch en 1684, établit les Jésuites dans le séminaire, et mourut à Paris en 1705.

Augustin de Meaupou, évêque de Castres en 1692, archevêque d'Auch en 1705, fit de grandes aumônes, donna à son église une statue d'argent de St. Augustin, et fonda les Sœurs - grises dans l'hôpital. Ayant commencé la reconstruction du palais archiépiscopal, il mourut et fut enterré dans le chœur en 1712. (Voyez pag. 39, Partie descriptive.)

Jacques Desmarets, conseiller - d'état, agent général du clergé, évêque de Riez, ensuite archevêque d'Auch en 1713, finit la construction du séminaire et celle de la place de Ste. - Marie, telle qu'elle existe aujourd'hui, projetée auparavant par M. de Maupeou. Il mourut à Paris en 1725.

Melchior de Polignac, cardinal, abbé de Corbie, ambassadeur de France à Rome, nommé archevêque d'Auch en 1725, mourut à Paris en 1742, sans avoir vu son diocèse.

Jean-François de Montillet, évêque d'Oleron, archevêque d'Auch en 1742, composa le catéchisme du diocèse, acheva le palais archiépiscopal, fit placer les portes de fer aux trois grandes entrées, fit construire la belle chaire de la nef, réduisit le nombre des fêtes, et laissa de beaux ornemens à l'église métropolitaine. Il mourut à Paris en 1775.

Claude-Marc-Antoine d'Apchon, ancien officier de marine, évêque de Dijon, archevêque d'Auch en 1775, après avoir embelli le séminaire, mourut à Auch et fut inhumé, par son ordre, au pied de la croix du cimetière en 1783. (D.)

Louis-Apollinaire de Latour-du-Pin-Montauban, évêque de Nanci, archevêque d'Auch en 1785, distribua de grandes aumônes, et donna des exemples d'une piété profonde et d'une grande charité. Il fut persécuté cruellement, dès le commencement de la révolution, par ceux qui avaient été les objets de ses bienfaits. Il resta en Espagne jusques au rétablissement de la religion catholique en France, et fut nommé, dès sa rentrée, archevêque-évêque de Troyes, à la place de M. de Noé, mort en 1802.

M. de Latour-du-Pin fut, bientôt après son installation, élevé au rang de commandant de la légion d'honneur. Mais la mort est venue l'enlever à ses nouvelles ouailles le...... 1807.

Le clergé de Ste.-Marie, pénétré de

respect et d'amour pour ce vénérable prélat, a fait placer dans la sacristie son portrait donné par un citoyen d'Auch, admirateur zélé des hommes qui se dévouent au bien public.

NOTES.

(A.) Dans la chronique du diocèse d'Auch, nous lisons que *Gervais Drouet*, sculpteur et architecte, a fait construire, sur ses dessins, les clochers et le jubé. Des renseignemens donnés par des ingénieurs instruits, il résulte que c'est sur les plans de *Cotte* qu'a été construit le porche ; cependant on remarque entre les piédestaux des colonnes du côté du nord et de celui du sud, une inscription ainsi conçue : JOAN. BEAVIEV FACIEBAT ; entre les deux derniers piédestaux du premier ordre de la façade, on lit du côté du nord, 1564, et du côté du midi, 1567. Sans doute que la construction des trois ordres a eu lieu à divers temps, et que M. de Lamothe-Houdancour a seulement terminé cet édifice commencé long-temps avant lui.

(B.) Ce monument détruit dans la révolution, devait être rétabli au moment de l'impression de cette Notice. Il ne tardera pas sans doute à l'être.

(C.) Ceux du plafond, dont on ignore l'auteur, ont été acquis avec l'église par un particulier qui n'y attache aucun prix. Ces tableaux, précieux pour cette ville, pourraient convenablement trouver leur place dans la nouvelle église de St.-Orens que l'on construit. Ils lui donneraient un grand lustre en y attirant les amateurs et les étrangers dont ils fixaient autrefois la curiosité, et racheteraient les défauts essentiels dont cet édifice est rempli.

(D.) L'année dernière, lors de l'inhumation de M. Despiau, curé de Ste.-Marie, qui fut enseveli au même endroit où l'avait été M. d'Apchon, le clergé s'empressa de recueillir ses cendres et de les faire transporter, avec l'épitaphe, dans les cryptes de Ste.-Marie. La nouvelle sépulture de ce prélat devait être établie dans le chœur; mais ce travail n'a pas, sans doute, pu avoir encore lieu.

Des exemplaires de cette Notice ont été déposés, selon la loi, à la Bibliothèque impériale, pour constituer le droit d'auteur.

SUPPLÉMENT

A la Notice descriptive et historique de l'Église de Sainte-Marie d'Auch.

VISITE DE S. M. L'EMPEREUR ET ROI A SAINTE-MARIE.

LEURS MAJESTÉS L'EMPEREUR et L'IMPÉRATRICE allant de Bayonne à Toulouse, s'arrêtèrent à Auch le 24 juillet 1808, depuis onze heures du matin jusqu'à minuit. A midi, LL. MM. entendirent la messe, qui fut célébrée dans le grand salon du palais par Mgr. l'Archevêque de Malines, aumônier de l'Empereur, assisté de M. l'abbé Lagrange, pro-vicaire-général, chanoine honoraire d'Agen, et de M. l'abbé Alexandre, vicaire-sacristain de Ste.-Marie, nommé dès le matin chanoine honoraire de Malines par Mgr. l'Archevêque. L'Empereur reçut à quatre heures les autorités, les corps militaires et le clergé. Il s'informa de la situation de chaque partie d'administration, entrant dans tous les détails concernant chacune d'elles: l'église de Sainte-Marie fixa son attention d'une manière particulière. Sa Majesté exprima ses regrets de ce que cette église n'avait point conservé son titre de *cathédrale* dans la dernière organisation du clergé. Elle fit pressentir son projet de revenir sur cette décision; mais elle observa que le concours du St.-Siége était nécessaire. Le conseil général et le clergé ayant observé à l'Empereur que s'il daignait visiter l'église de Sainte-Marie, S. M. en aurait quelque satisfaction, elle daigna promettre qu'elle ne quitterait pas Auch sans avoir vu ce monument. En effet, à cinq heures du soir S. M. monta à cheval, accompagnée de S. A. Mgr. le prince de Neufchâtel, de S. Ex. M. le grand-maréchal duc de Frioul, de ses aides-de-camp les généraux Lebrun, Nansouty, Bertrand, et d'un fort détachement de la garde d'honneur à cheval, ayant à sa tête M. Mellet de Bonas, commandant en chef. Après avoir parcouru divers quartiers de la ville, S. M. se rendit à Sainte-Marie, où elle fut reçue sous le dais par M. l'abbé Lagrange, provicaire-général, et M. l'abbé Daignan, curé de Sainte-Marie, accompagnés de tous les ecclésiastiques de la ville. Le dais était porté par MM. Boubée, Ardenne et Carrere, chanoines honoraires d'Agen, et M. l'abbé Alexandre, chanoine honoraire de Malines. Après avoir fait sa prière au grand autel, S. M. parcourut l'église et en examina tous les détails avec la plus grande attention : Elle parut frappée de l'ensemble de l'édifice, de la beauté des vitraux, du chœur, et de leur état de conservation. Elle s'informa des revenus anciens et actuels de l'église, et de ses besoins. Elle promit de pourvoir à ces derniers d'une manière durable, et en cela les articles de son décret impérial ont surpassé nos espérances.

Pendant la visite qui dura une demi-heure, S. M. était sans gardes au milieu d'une foule de citoyens empressés de contempler ses traits. Les acclamations qui l'avaient accueillie à son entrée, l'accompagnèrent jusques à son palais.

Dans la matinée, l'église avait été visitée par Mgr. de Champagny, comte et ministre des relations extérieures, M. le duc de Frioul, M. l'archevêque de Malines, et par d'autres personnes marquantes de la cour. Le lendemain elle le fut par M. Maret, comte et ministre-secrétaire-d'état.

Voici les articles du décret impérial concernant l'église de Sainte-Marie.

DÉCRET IMPÉRIAL.

Auch, le 24 juillet 1808.

NAPOLÉON, Empereur des Français, Roi d'Italie, Protecteur de la Confédération du Rhin, etc., etc.,

Nous avons décrété et décrétons ce qui suit :

TITRE PREMIER.

Église Sainte-Marie, ancienne cathédrale d'Auch.

Art. 1.er L'église de Sainte-Marie sera réparée.

2. Il sera affecté à cette réparation une somme de 18,000 fr., qui sera acquittée sur l'exercice courant ; savoir : 9,000 fr. par le ministère des cultes, chapitre 7 du budget, 6,000 fr. par le département du Gers, et 3,000 fr. par la ville d'Auch.

A commencer en 1809, il sera affecté à l'entretien de ce monument une somme annuelle de 6,000 fr. qui sera versée entre les mains de la fabrique.

Cette somme sera acquittée ; savoir : 3,000 fr. par le ministère des cultes, 2,000 fr. par le département du Gers, et 1,000 fr. par la ville d'Auch.

Les autres titres sont relatifs à des objets d'utilité publique étrangers à l'église.

S. M. n'a point borné là ses bienfaits envers l'église de Sainte-Marie. M. le duc de Frioul a écrit de Toulouse à M. l'abbé Lagrange, que l'Empereur l'a chargé de lui faire remettre une somme de 3,000 fr. pour les prêtres de la fabrique de Sainte-Marie, et une autre de 400 fr. pour le suisse et autres subalternes de la même église. M. le Trésorier général de la Couronne a prévenu M. le Maire qu'il a ordre de lui faire parvenir une somme de 6,000 fr. pour les pauvres de la ville.

Le clergé doit faire placer deux inscriptions au-dessus des deux portes latérales de la façade intérieure sous le porche, pour perpétuer le souvenir de la visite et des largesses de notre auguste Monarque.

INSCRIPTIONS (1)
Mentionnées à la page précédente.

Au-dessus de la Porte latérale du côté du nord.

NAPOLEO. MAGNUS. IMPERATOR. AUGUSTUS.
AUSCORUM. CIVITATEM. PERLUSTRANS.
NONNISI. POPULO. CUSTODIENTE.
HOC. INTROIVIT. AD. TEMPLUM.
INTER. CIVIUM. UNIVERSIM.
CONCURSUS. ET. EXSULTATIONES.
DIE. XXIV. MENSIS. JULII.
ANNO. M. DCCC. VIII.

Au-dessus de la Porte du côté du sud.

NAPOLEO. MAGNUS. IMPERATOR. AUGUSTUS.
ARTIUM. SACRORUMQ. PROTECTOR.
MONIMENTORUM.
ECCLESIAM. S. MARIAE.
MIRO. STRUCTAM. OPERE.
DIU. TAMEN. DISPERDITIONI. RELICTAM.
IMPERIALI DECRETO.
AERARII. PUBLICI.
PROVINCIAE. SIMUL. ET. MUNICIPII.
SUMPTIBUS.
INSTAURARI. ET. IN. PERPETUUM. SARTAM. TUERI.
JUSSIT.

(1) Par M. SENTETZ, ex-constituant.

ERRATA.

Pag. 18, lig. 9, présentation, lisez *purification.*

Pag. 19, 3e. alinéa, supprimez *vis-à-vis celle-ci.* Au lieu de St. Joseph, lisez *la présentation.*

Pag. 25, lig. 12, le dernier *et* est inutile.

Pag. 32, lig. 6, Josué, lisez *Isaïe.*

Pag. 33, 2e. alinéa, un enfant, lisez *au-dessous de l'enfant.* Plus bas, tient, lisez *est.* 1525, lisez 1529.

Pag 68, lig 2, fit par son, lisez *fit son.*

Pag. 78, Notes, lig. 9, Beaujeu faciebat, lisez *Beaujeu architecte, faciebat.*

Ibid., *ib.* lig. 11, 1564, lisez *A.* KPI 1560.

Ibid., *ib.* lig. 12, après le mot *midi*, lisez *A.* KPI.

En plusieurs endroits, *en même*, lisez *à même.*

ERRATA

[illegible]

[illegible]

[illegible]

[illegible]

[illegible]

[illegible]

[illegible]

[illegible]

[illegible]

[illegible]

[illegible]

[illegible]

[illegible]

[illegible]

www.ingramcontent.com/pod-product-compliance
Ingram Content Group UK Ltd.
Pitfield, Milton Keynes, MK11 3LW, UK
UKHW020331250726
13967UKWH00005B/1979